EDITION MOTIVE

Georg Popp

Ich lasse dich nicht allein

Hoffnung und Licht für mein Leben

kiefel

Ich lasse dich nicht allein

**Auch wenn du noch so traurig und mutlos bist,
einsam und verlassen,
hilflos und krank:**

Ich lasse dich nicht allein.

**Verliere nicht den Mut
und laß dich durch nichts aus der Bahn werfen:**

**Denn ich, der Herr, dein Gott,
bin bei dir.**

**Wie elend und verlassen
du dich auch fühlst:**

Ich halte meine schützende Hand über dir.

Ich begleite dich, wohin du auch gehst.

Ich lasse dich nicht allein.

Fürchte dich nicht

Was immer dich auch bedrängt,
wovor du auch Angst hast:

Ich stehe dir bei.

Was immer auch geschieht:
Ich bin der Herr, dein Gott,
der dir nahe ist
und dich stark macht.

Vertraue meiner Gegenwart
und erinnere dich an meine Macht:

Ich werde auch dir wieder Mut schenken
und neue Kraft.

Ich lasse dich nicht allein.

Warum fühlst du dich so elend?

Weil du krank bist,
hilflos und einsam?

Oder liegt es nicht auch daran,
daß du mich vergessen hast?

Daß du wieder einmal alles
allein machen wolltest?

Ich habe doch versprochen,
daß ich dir beistehen will.

Daß ich dich beschütze und begleite,
wohin du auch gehst.

Warum rechnest du so wenig
mit meiner Gegenwart
und vertraust so selten
meiner Liebe?

Ich lasse dich nie allein.

Erinnere dich an Elija

Auch er war müde,
niedergeschlagen,
wollte aufgeben,
nicht mehr leben.

Da habe ich ihm meinen Engel gesandt
und ihn neu gestärkt.

Vierzig Tage und Nächte
konnte er wieder gehen,
ohne müde zu werden.

Auch dich werde ich wieder aufrichten
und mit neuer Freude erfüllen.

Ich lasse dich nie allein.

Ich bin bei dir

Ich verlasse dich nicht.

Auch wenn du mich nicht spürst,
weil deine Sorgen und Gedanken
dich zu sehr beschäftigen:

Ich bin bei dir.

Und wenn du dich schwach
und hilflos fühlst wie ein Wurm:

Ich werde dir helfen.

Darauf gebe ich dir mein Wort.

Komm doch zu mir
mit deinen Sorgen und Ängsten.

Hole mich neu in dein Leben.

Gibt es außer mir einen,
auf den man sich mehr verlassen kann?

Ich lasse dich nie allein.

Wenn du um Hilfe schreist

Wenn du um Hilfe schreist,
werde ich dir antworten.

Wenn du dich einsam fühlst
und nicht mehr weiterweißt:

Bei mir findest du Beistand
und Hilfe.

Ich biete dir sicheren Schutz.

Ich bin deine Burg,
dein Retter,
dein Helfer.

Ich schenke dir Geborgenheit
und neuen Mut.

Ich lasse dich nie allein.

Gib mir alle deine Sorgen

Komm zu mir mit deiner Not.
Gib mir alles, was dich bedrückt.

Laß mich wissen,
warum du dich krank
und traurig fühlst.

Suche deine Hilfe nicht
bei fremden Göttern.

Allein ich bin der Herr, dein Gott,
der deine Not wenden kann.

Ich lasse dich nicht im Stich.

Unerschöpflich ...

Unerschöpflich ist mein Reichtum,
mit dem ich dich beschenken will.

Unerschöpflich tief ist meine Weisheit,
mit der ich dein Leben begleite.

Wenn du meine Wege
auch manchmal nicht verstehen kannst:

Mein Licht und meinen Geist,
meine Hoffnung und meine Freude
schenke ich allen,
die mir vertrauen
und auf mich hören.

Ich mache auch deinen Alltag
wieder hell und froh.

Ich lasse die Meinen nicht im Stich.

Erinnere dich an Abraham

Angst hatte er
vor dem König der Ägypter.

Sorgen machte er sich
wegen der Unfruchtbarkeit seiner Frau.

Von einer Magd wollte er sich
einen Sohn schenken lassen.

Ich aber habe Abraham nie vergessen.

Obwohl er schon hundert Jahre alt war,
schenkte ich ihm Isaak
und bewahrte ihn vor dem Tod.

Weil Abraham mir vertraute,
machte ich ihn zum Stammvater
eines großen Volkes.

Ich lasse die Meinen nicht im Stich.

Auch dich will ich beschenken

**Wenn du wüßtest,
wie sehr ich dich beschenken will.**

**Weisheit und Gnade,
Gelassenheit und Hoffnung,
Tapferkeit und Mut,
Reichtum und Ansehen,
Glück und Zuversicht
habe ich Salomo geschenkt:**

weil er auf mich gehört hat!

**Wenn du wüßtest,
was ich auch dir alles schenken möchte.**

Ich werde auch dich wieder aus deiner Not erretten.

Ich lasse keinen allein.

Ich werde dich neu erfüllen

Wie ich strömenden Regen
über das verdürstende Land ausgieße,
so werde ich auch dich neu erfüllen.

Im Vertrauen auf mich
bekommst du neue Kraft.

Es werden dir Flügel wachsen
wie dem Adler.

Dann wirst du jubeln über das,
was ich an dir getan habe.

Und du wirst deinen Gott wieder preisen,
der dir geholfen hat.

Ich lasse keinen allein.

Ich zeige dir den Weg

**Angst und Krankheit,
Feindschaft und Streit sind in der Welt,
weil die Menschen nicht auf mich hören wollen.**

**Wenn du dein Denken und Tun
an meinen Weisungen ausrichtest,
wird auch dein Leben wieder
froh und voller Zuversicht.**

Denn ich zeige dir den Weg.

**Ich unterweise dich
und rate dir, was du tun sollst.**

Ich lasse auch dich nicht allein.

Sommer und Winter

Zur Sonne gehört auch der Regen.
Zum Sommer der Winter,
zum Tag die Nacht.

Eines geht nicht ohne das andere.

Nicht deine Situation ist schlecht.
Schlimm ist nur
dein Aufbäumen.

Nimm sie an, meine Wege.

Dann wird aus deiner Nacht
wieder Tag,
aus deiner Not
wieder Segen!

Für alle, die dir begegnen.

Ich lasse dich nicht allein.

Erinnere dich an Josef

Seine Brüder warfen ihn in eine verlassene Zisterne.
Die Ismaeliter nahmen ihn mit nach Ägypten.
Die Frau des Potifar verleumdete ihn.
Man warf ihn ins Gefängnis.

Ich aber stand ihm bei.

Ich machte ihn zum königlichen Verwalter
und ließ ihm alles gelingen.

Weil er mir vertraute,
wendete ich seine Not zum Guten.

Den verleumdeten Sklaven machte ich
zum Retter seines Volkes.

Ich lasse auch dich nicht allein.

Das Gebet der Judit

Angst und Entsetzen packte die Israeliten,
als Holofernes sie mit über 180 000 Mann
in Betulia belagerte
und ausrauben wollte.

Allein Judit betete zu mir:

»Deine Kraft hängt nicht von der großen Zahl ab;
deine Herrschaft gründet sich nicht auf starke Männer …
Du nimmst dich der Schwachen an,
du beschützt die Verzweifelten
und rettest die, die keine Hoffnung haben.«

Und ich schenkte den Israeliten den Sieg.

Man brauchte 30 Tage, um die ganze Beute
aus dem assyrischen Lager zu bergen.

Ich lasse auch dich nicht allein.

Klarheit und Stärke

Wen ich liebe,
den verweichliche ich nicht.

Manchmal kann meine Führung
auch sehr streng erscheinen.

Wer keine Einsamkeit durchleidet,
erfährt auch keine Reife.

Wer keinen Kampf besteht,
gewinnt nie einen Sieg.

Ich erfülle nicht alle deine Wünsche.

Aber ich helfe dir,
Klarheit und Stärke zu finden.

Ich lasse auch dich nicht allein.

Das Beispiel der Hanna

Ihre Kinderlosigkeit lag wie eine Schande
auf ihrem Herzen.

Gekränkt und verspottet wurde sie
von ihren Verwandten.

Gedemütigt und traurig
lebte sie dahin.

In ihrer Verzweiflung
kam sie zu mir.

Ich aber erhörte ihr Gebet
und schenkte ihr einen Sohn.

Und Hanna sang mir ein Danklied.

Das Danklied der Hanna

Herr, du hast mich fröhlich gemacht,
du hast mich wieder aufgerichtet und gestärkt.
Jetzt kann ich über meine Feinde lachen.

Ich bin voller Freude,
weil du mir geholfen hast.

Der Herr allein ist heilig;
es gibt keinen Gott außer ihm.
Keiner kann schützen wie er.

Starken Männern zerbricht er die Waffen;
Schwachen und Entmutigten gibt er neue Kraft.

Reiche müssen ihr Brot mit eigener Kraft verdienen;
Arme brauchen nicht mehr zu klagen
und können feiern.

Der Herr leitet und schützt alle,
die ihm vertrauen;
aber seine Feinde enden in Finsternis.

Keiner, der sich auf seine eigene Kraft verläßt,
erringt den Sieg.

(1 Sam 2,1.2.4.5.9)

Hab doch mehr Geduld!

Schau in meine Schöpfung:
Es kann nicht immer die Sonne scheinen.

Wenn du vor Hindernissen stehst
und Widerstände zu groß erscheinen,

wenn du manchmal länger warten mußt,
als es dir sinnvoll erscheint:

Weißt du,
wozu es dir gut tut?

Wenn du gelassen abwartest
und mir vertraust,

wenn du nicht immer
so schnell verzagt und mutlos bist,

dann wirst du stark!

Wenn du gelassen bleibst
und mir vertraust,
dann erringst du den Sieg!

Ich lasse dich nicht allein.

Denke an Paulus

**Wie hatte er gestöhnt über seine Schwäche,
über den Stachel in seinem Fleisch.**

Ich habe ihn nicht weggenommen.

**Er sollte wissen,
von wem er seine Kraft erhält.**

**In seiner Schwachheit wollte
ich mächtig sein.**

**Auch du brauchst nichts mehr
als meine Gnade.**

**Je schwächer du bist,
um so mehr erweist sich
an dir meine Macht.**

Ich lasse dich nicht allein.

Ich gebe immer auf dich acht

Ich habe dich erschaffen,
weil ich dich liebe.

Und ich werde nicht zulassen,
daß du zu Fall kommst.

Ich gebe immer auf dich acht.

Ich bin an deiner Seite
und segne dich bei deinem Tun.

Mein Arm wird nie müde,
mein Auge schläft nie ein.

Nie lasse ich dich allein.

Mein ganzes Herz ist dir zugewandt

**Ich habe Freude an dir,
denn ich liebe dich!**

**Wenn du dich an mich wendest,
juble ich in meinem Herzen.**

**Immer, wenn du mich suchst,
wirst du meine Kraft und mein Heil empfangen.**

**Wenn du wüßtest,
wie sehr ich dir helfen
und beistehen möchte.**

Mit meinem ganzen Herzen bin ich dir zugewandt.

Nie lasse ich dich allein.

Ich bin in deiner Mitte

In der Mitte deines Herzens
wirst du mich finden.

Tief in dir
warte ich täglich darauf,
von dir neu entdeckt zu werden.

Wenn du wüßtest,
wie sehr ich dich
mit meiner Gnade begleiten
und mit meinem Segen überschütten will.

Ich lasse dich nie allein.

Achte auf meine Weisungen

Was brauchst du mehr als meine Gnade?

Was brauchst du mehr als meine Liebe?

Ich selbst werde dir nahe sein
und dich erretten aus jeder Not.

Befolge mein Gesetz
und laß nicht das Geringste davon außer acht.

Dann wirst du alles erhalten,
was du brauchst.

Richte dein ganzes Tun an meiner Weisung aus.

Dann wirst du Erfolg haben
und alles, was du beginnst,
glücklich vollenden.

Nie lasse ich dich allein.

Laß dich durch nichts erschrecken

**Was immer auch geschieht:
Du stehst unter meinem Schutz.**

**Kein Feind wird sich gegen dich
behaupten können,
denn ich werde dir ein Leben lang
zur Seite stehen.**

**Niemals werde ich dir meine Hilfe entziehen,
nie dich im Stich lassen.**

**Laß dich durch nichts erschrecken
und verliere nie den Mut:**

**Denn ich, der Herr, dein Gott,
bin bei dir,
wohin du auch gehst.**

Ich lasse dich nie allein.

Bildnachweis:

Dieterich, Werner	Seite 32/33
Ehn, Wolfgang	Titel
Eisele, Ruth	Seite 17, 36
Jordan, Michael	Seite 12
Kemmether, Reinhard	Seite 9, 41
Klubescheidt, Karl-Heinz	Seite 24
Limbergen, van Pieter Jos	Seite 28
Tomm, Erich	Seite 43
Vogt, Jürgen	Seite 20/21

Die Deutsche Bibliothek – CIP-Einheitsaufnahme

Popp, Georg :
Ich lasse dich nicht allein : Hoffnung und Licht für mein Leben /
Georg Popp. –
3. Aufl. (Neuausg.). – Gütersloh : Kiefel, 2001
(Edition Motive)
ISBN 3-579-05839-8

ISBN 3-579-05839-8
3. Auflage (Neuausgabe), 2001

Gestaltung: init, Bielefeld
Reproduktion: Peter Karau, Bochum
Satz: Fotosetzerei Steggemann, Herford
Druck und Bindung: Těšínská Tiskárna AG, Český Těšín
Printed in Czech Republic

Besuchen Sie uns im Internet: http://www.kiefelverlag.de